ANIMALES DEPREDADORES

Los leones

SANDRA MARKLE

EDICIONES LERNER / MINNEAPOLIS

El mundo animal está lleno de
DEPREDADORES.

Los depredadores son cazadores que para sobrevivir buscan, atrapan y devoran a otros animales, los cuales son sus presas. Cada medio ambiente tiene su cadena de cazadores. Los depredadores más pequeños, más lentos y menos capaces se convierten en presas de cazadores más grandes, rápidos y astutos. En todo el mundo, son pocos los depredadores que están arriba de la cadena alimentaria. *En la sabana africana, uno de ellos es el león.*

¿Por qué los leones son tan buenos cazadores? En primer lugar, el león tiene sentidos agudos que le ayudan a encontrar a sus presas. La nariz del león le puede dar la primera pista de que hay presas cerca. Al olfatear el aire, los aromas llegan a los sensores sensibles a sustancias químicas que se encuentran en los conductos nasales del león. Incluso si el león no huele la presa, la puede oír. El león puede girar las dos orejas al mismo tiempo en distintas direcciones para hallar los sonidos que lo guían a su presa. Sin embargo, el león depende más de la vista que de los demás sentidos. Sus grandes ojos le ofrecen una vista amplia del mundo a su alrededor. Además, como los dos ojos están ubicados hacia el frente, puede calcular fácilmente la distancia hasta su presa. Esto le ayuda a decidir cuándo atacar.

Por supuesto, las presas, como estos búfalos del Cabo, siempre están alerta por si aparecen leones. Los búfalos del Cabo viven en manadas, o grupos de animales. En una manada, hay muchos ojos y oídos que vigilan si hay leones. El búfalo del Cabo, al tener los ojos y las orejas en la parte superior de la cabeza, observa y escucha lo que pasa a su alrededor incluso mientras bebe agua.

Los leones también son buenos cazadores porque forman parte de una manada. Trabajan en equipo para atrapar a las presas. Las leonas, las hembras de la manada, suelen ser las que cazan. Este grupo inicia la cacería hacia el final de la tarde, mientras el sol se esconde en el horizonte. Las leonas trotan juntas, con la cabeza en alto, escuchando y observando.

Los machos a veces ayudan a cazar presas grandes, como el ñu. Sin embargo, su actividad principal es patrullar el territorio de caza de su manada para alejar a los leones que cazan solos o a otros grupos de leonas. Al patrullar, los machos marcan los límites de su territorio rugiendo y orinando sobre las piedras o arbustos para dejar su olor. Tener un territorio propio es importante para la manada, porque asegura que los leones podrán atrapar su alimento sin tener que recorrer grandes distancias.

Los leones son cazadores inteligentes. La primera leona que ve al grupo de búfalos del Cabo pastando emite un fuerte resoplido y se agacha hasta que su vientre casi toca el suelo. Las otras la siguen rápidamente y sus cuerpos dorados desaparecen entre la hierba seca.

Acechando agazapadas y deteniéndose de vez en cuando, las leonas se acercan a la manada de búfalos. Ahora, las cazadoras se separan. Algunas salen al descubierto para llamar la atención. Cuando los búfalos las ven, emiten un bramido de advertencia y enfrentan a las leonas. Los búfalos del Cabo usan sus pezuñas y sus filosos cuernos para defenderse.

Mientras tanto, dos leonas se aproximan por detrás de la manada. Los leones tienen sus propias armas: músculos fuertes, garras largas y dientes filosos. De repente, como bandas elásticas estiradas que se sueltan, los poderosos músculos de las patas de una de las leonas la impulsan hacia adelante. Un instante después, su compañera también salta.

Los leones dependen de sus filosas garras para atrapar a la presa.
Mientras la leona corre, las garras están retraídas, o guardadas en las patas, para protección. Ahora, al agarrar la grupa del búfalo, unas tiras elásticas llamadas tendones empujan hacia abajo las puntas de los dedos, quedando expuestas las garras puntiagudas como agujas.

El búfalo capturado brama y lucha por liberarse. El resto de la manada huye con gran estrépito mientras las otras leonas se unen al ataque. Dos leonas saltan al lomo del búfalo. El peso de ambas mantiene al búfalo contra el suelo durante unos segundos. Luego se pone de pie, tambaleándose, y quita de encima a las leonas. Una cazadora arremete contra la cabeza del búfalo, pero retrocede para evitar una patada.

La lucha continúa por más de una hora. Finalmente, una de las leonas sujeta con la boca el hocico del búfalo, cortándole la respiración. En minutos, el búfalo está muerto.

Después de matar a la presa, las leonas dejan de trabajar en equipo. Gruñen y se empujan con los hombros, compitiendo para reclamar las partes favoritas de la presa: el corazón, el hígado y los pulmones. Los rugidos de las leonas atraen a los machos y cachorros de la manada. Los machos adultos también reclaman su parte. Desgarran la grupa del búfalo, pelando la carne de los huesos con su áspera lengua.

Uno de los cachorros se acerca demasiado a un macho, y éste lo aleja con un golpe de sus garras. Las leonas se llevan a los cachorros y esperan a que los machos terminen. Entonces, las leonas y las crías toman su parte de la presa, royendo los restos de los huesos.

Cuando la manada de leones termina de comer, es hora de limpiarse. La lengua del león, que está cubierta de espinas que se curvan hacia atrás, es como un peine natural. Además de limpiar la sangre y el polvo, al lamerse distribuye por el pelaje un aceite que produce la piel del león. Eso permite al gran felino repeler el agua y conservar el calor cuando llueve. El acicalamiento mutuo también fortalece el sentido de familia de la manada.

Es hora de amamantar a los cachorros. La leche de la madre complementa su dieta y los ayuda a crecer grandes y fuertes. Los cachorros se alimentan de la leche materna por casi ocho meses. Es usual que las leonas con crías amamanten a las crías de otras hembras.

Después, los leones se echan a dormir. Duermen la mayor parte del tiempo que no están cazando, hasta dieciocho horas por día. Dormir es una buena manera de ahorrar energía para la próxima cacería. No obstante, para los cachorros una corta siesta es suficiente, así que empiezan a jugar.

Los cachorros forcejean y luchan entre ellos hasta que la madre se despierta.
Cuando ella les gruñe enojada, los cachorros salen a explorar los alrededores.

Todo intriga a las crías de león. Olfatean los huecos y tocan con la pata una tortuga hasta que se esconde en su caparazón. Un cachorro descubre los restos de un antílope y los arrastra entre las patas de la misma manera en que un día moverá una presa hasta un lugar sombreado donde comer. Día tras día, los cachorros juegan para aprender a cazar y desarrollar habilidades y fuerza muscular. Para cuando cumplen dos años, los jóvenes leones ya cazan presas chicas, como liebres y zorros.

Sin embargo, cuando se trata de cazar presas más grandes, los jóvenes leones tienen mucho que aprender. Es probable que se mantengan en grupo, cuando podrían tener más éxito si se separaran.

También es probable que ataquen antes de estar lo suficientemente cerca, dando a las presas rápidas, como las jirafas, tiempo para huir. Cada comida que pierden es una valiosa lección de caza.

Los jóvenes leones también desarrollan sus habilidades cazando con la manada. Cuando cazan de noche, los jóvenes aprenden una lección importante: escuchar es más importante que ver hasta que la presa está cerca. Cuando la presa está más cerca, los leones pueden verla incluso con la tenue luz de la luna. Esto se debe a que en la parte trasera de los ojos tienen una capa similar a un espejo. Esta capa refleja la luz que entra en los ojos de vuelta a las células sensibles a la luz, que envían mensajes al cerebro. Al aumentar la cantidad de mensajes que el cerebro recibe de los ojos, la imagen que el león ve es más nítida.

Caminando por las altas hierbas a la tenue luz del atardecer, uno de los jóvenes leones sorprende a un jabalí. Bufando, el jabalí da un salto. Una de las leonas corre hacia él y le da un zarpazo a las patas traseras, derribándolo. La recompensa de carne fresca refuerza esta estrategia de caza.

África tiene solo dos estaciones: seca y lluviosa. Como en tiempos inmemoriales, la llegada de las lluvias aplaca el polvo y da vida a las semillas que esperan para brotar. Pronto, el húmedo aire trae el aroma de las flores. Los lechos rocosos desaparecen bajo el agua que corre, y cuando brota la nueva hierba, manadas de cebras y otros animales vienen a pastar. Con tantos animales grandes que cazar, los jóvenes leones por fin tienen una oportunidad de perfeccionar sus habilidades de caza.

La manada de leonas trota, con los cazadores principiantes en la retaguardia. Los leones escuchan y huelen las cebras incluso antes de verlas. Cuando una de las leonas da un resoplido de advertencia, todos los grandes felinos se agazapan. Altas matas de hierbas secas ocultan a los leones. Justo adelante hay un pequeño grupo de cebras que se ha separado de la manada principal. Las cebras caminan pesadamente en fila india mientras los cazadores se acercan sigilosamente.

Cuando cambia el viento, varias cebras captan el olor de los leones. Enfrentan a los cazadores emitiendo un gemido de advertencia. Rápidamente, forman una línea para enfrentar a los leones. Las cebras están listas para defenderse con las pezuñas y los dientes. Sin embargo, mientras vigilan a las leonas que están al descubierto, varios jóvenes cazadores se aproximan por detrás de la manada. De repente, al verlos, las cebras huyen.

Un joven león separa a una de las cebras y la persigue.
Las patas acolchonadas del joven león golpean el suelo con fuerza mientras sigue las polvorientas huellas de la cebra. Los ojos del león están fijos en su blanco: cuando la cebra se da vuelta bruscamente, él también lo hace. La larga cola del león le permite mantener el equilibrio mientras se esfuerza por ganarle terreno a la cebra. Cazador y presa corren a todo galope. Cada uno corre por su vida.

Por último, el león se acerca lo suficiente para darle un zarpazo a las patas traseras de la cebra.

Cuando la cebra se desploma, los otros leones corren a unirse al ataque. Una de las leonas sostiene a la cebra contra el suelo. Entonces, uno de los jóvenes cazadores hunde los colmillos en el cuello de la presa y aprieta las mandíbulas. Mientras este joven cazador mata a la presa, los otros miembros de la manada comienzan a competir por los mejores lugares donde comer. Sus rugidos dan la señal a los machos para que se acerquen.

Ésta es la primera de muchas cacerías que los jóvenes leones compartirán con la manada. La familia de cazadores ahora es una generación más fuerte.

Retrospectiva

- Observa los bigotes del león de la portada. Al tocarlos, estos rígidos pelos que están a cada lado del hocico envían señales al cerebro del felino que le permiten calcular a qué distancia están las cosas. Cuando salta, el león mueve los bigotes hacia adelante para calcular cuándo hundir los dientes en la presa.

- Observa de nuevo el búfalo del Cabo de la página 6. ¿Sabes por qué es útil para el animal que sus cuernos formen una banda sobre la cabeza?

- Observa las largas garras del león de la página 13. Al igual que las uñas de los seres humanos, las garras crecen. ¿Por qué es eso importante para el cazador?

- En la página 19, observa los dientes de la leona. A diferencia de los humanos, que tenemos dientes tanto puntiagudos como planos, todos los dientes del león son puntiagudos y filosos. En lugar de masticar su alimento, el león simplemente corta trozos de carne y los traga.

- Observa las cebras de la página 29. Puedes ver cómo las franjas las protegen, haciendo que sea difícil para un depredador distinguir a un solo animal de la manada.

Glosario

CACHORRO: león joven

DEPREDADOR: animal que caza otros animales

LENGUA: grupo de músculos móviles dentro de la boca. La lengua del león está cubierta de ganchos que usa para raspar la carne de los huesos, tomar agua, lamer sangre y para limpiar su pelaje.

MANADA: grupo de animales del mismo tipo que viven, se alimentan y viajan juntos

OJO: parte del cuerpo que detecta rayos de luz reflejados

OREJA: parte del cuerpo que detecta sonidos y vibraciones

PRESA: animal que un depredador caza para comer

RUGIDO: gruñido o bramido fuerte que producen los leones

TERRITORIO: zona dentro de la cual un animal suele cazar

Información adicional

LIBROS

Darling, Kathy. *Lions.* Minneapolis: Lerner Publications Company, 2000. Este libro contiene información sobre el ciclo de vida de los leones y cómo viven en sociedad.

Denis-Huot, Christine, y Michel Denis-Huot. *The Lion: King of the Beasts.* Watertown, MA: Charlesbridge Publishing, 2000. Explica la vida del león, en especial cómo cada individuo es una parte importante del grupo social.

Kalman, Bobbie, y Amanda Bishop. *Life Cycle of a Lion.* Nueva York: Crabtree Publishing Company, 2002. Aprende cómo los leones están adaptados especialmente para tener éxito en su hábitat natural.

Markle, Sandra. *Outside and Inside Big Cats.* Nueva York: Atheneum, 2003. Aprende cómo las partes del cuerpo de los leones y tigres trabajan juntas para que estos animales vivan y se reproduzcan.

Winner, Cherie. *Lions.* Chanhassen, MN: NorthWord Press, 2001. Este libro reúne muchos datos divertidos sobre los leones.

VIDEOS

Born Free (Columbia/Tristar Studios, 1966). Conoce la historia verdadera de Elsa, la leona, y cómo los Adamson la reintrodujeron a la vida silvestre.

National Geographic's Eternal Enemies: Lions and Hyenas (National Geographic, 1992). Conoce valiosa información sobre la competencia por la presa entre los depredadores.

National Geographic's Lions of Darkness (National Geographic, 1997). Una profunda mirada a un año en la vida de una manada de leones, presentada por los cineastas Dereck y Beverly Joubert.

Índice

Con amor, para mis queridos amigos John y Barbara Clampet.

La autora desea agradecer a las siguientes personas por compartir su experiencia y entusiasmo: Dr. Thomas G. Curro, D.V.M., M.S., veterinario asociado; Henry Doorly Zoo, Omaha, Nebraska; y Dra. Kathy Quigley, D.V.M., Instituto Hornocker de la Vida Silvestre. Como siempre, un agradecimiento especial para Skip Jeffery, por su ayuda y apoyo.

Agradecimientos de fotografías
© Rich Kirchner, págs. 1, 17, 18; © Karl y Kay Amman/ Bruce Coleman, Inc., págs. 3, 8, 23; © Tom y Pat Leeson, pág. 4; © Erwin y Peggy Bauer, págs. 6, 20, 24, 29, 37; © William Ruth/ Bruce Coleman, Inc., pág. 7; © Mitsuaki Iwago/ Minden Pictures, págs. 11, 14, 15, 34; © Fritz Polking/ Frank Lane Picture Agency/ CORBIS, pág. 13; © Frans Lanting/ Minden Pictures, pág. 16; © Gerald Lacz/ Animals Animals, pág. 19; © Joe McDonald/ Bruce Coleman, Inc., pág. 22; © Rob Nunnington/ Oxford Scientific Films, pág. 27; © J&D Bartlett/ Bruce Coleman, Inc., pág. 30; © ABPL/ Gerald Hinde/ Animals Animals, pág. 33; © Erwin y Peggy Bauer/ Bruce Coleman, Inc., pág. 36. Portada: © Mitsuaki Iwago/ Minden Pictures.

La edición en español fue realizada por un equipo de traductores nativos de español de translations.com, empresa mundial dedicada a la traducción.

ediciones Lerner
Una división de Lerner Publishing Group
241 First Avenue North
Minneapolis, MN 55401 EUA

Dirección de Internet: www.lernerbooks.com

Library of Congress Cataloging-in-Publication Data

Markle, Sandra.
  [Lions. Spanish]
  Los leones / por Sandra Markle.
    p. cm. — (Animales depredadores)
  Includes bibliographical references and index.
  ISBN-13: 978−0−8225−6491−1 (lib. bdg. : alk. paper)
  ISBN-10: 0−8225−6491−2 (lib. bdg. : alk. paper)
  1. Lions—Juvenile literature. I. Title. II. Series: Markle, Sandra. Animales depredadores.
QL737.C23M272418 2007
599.757—dc22
                                                   2006010557

Fabricado en los Estados Unidos de América
1 2 3 4 5 6 − DP − 12 11 10 09 08 07